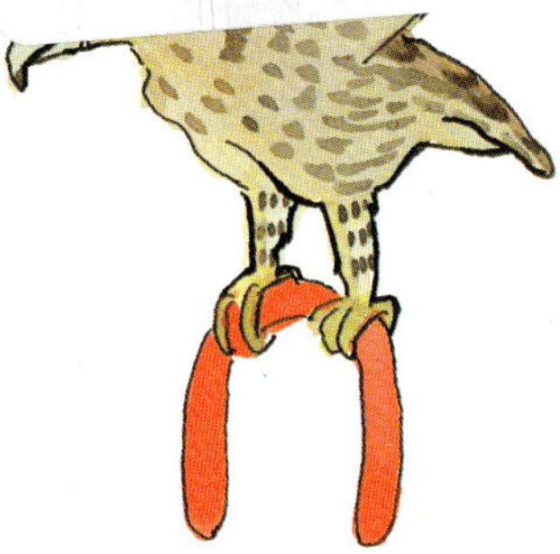

Anne Steinwart

Hotte und das Unzelfunzel

Jllustrationen von Silke Brix-Henker

Loewe

Die Deutsche Bibliothek – CJP-Einheitsaufnahme

Steinwart, Anne:
Hotte und das Unzelfunzel / Anne Steinwart
1. Aufl. – Bindlach: Loewe, 1994
(Leseleicht)
JSBN 3-7855-2621-0

Leseleicht
Herausgegeben von Markus Niesen

JSBN 3-7855-2621-0 – 1. Auflage 1994

Umschlagkonzeption: C. Funke und R. Frahm
Umschlagzeichnung: Silke Brix-Henker
Satz: Teamsatz, Neudrossenfeld
Gesamtherstellung: Offizin Andersen Nexö, Leipzig
Printed in Germany

Hotte ist noch müde. Hundemüde!

Aber er muß jetzt aufstehen.

Sonst wird Mama gefährlich.

Sie hat ihn schon dreimal geweckt.

Er schlurft ins Badezimmer
und muffelt vor sich hin.
Um acht Uhr muß er in der Schule sein.
Jeden Morgen!
Nur am Wochenende nicht!
Fünfmal in der Woche
kann Hotte nicht ausschlafen.
Das ist immer wieder schrecklich.
Heute ist es besonders schlimm.
Heute ist Montag!

Wie festgenagelt bleibt er
am Frühstückstisch sitzen.
Er wäre lieber ein Stuhlkissen.
Dann brauchte er sich nicht zu bewegen.

„Schnell, schnell“, sagt Mama putzmunter.
„Sei nicht so eine Trantüte!“
Sie schiebt Hotte energisch aus der Etagentür, obwohl er noch kein bißchen wach ist.
Mama ist eine Antreiberin!

Die Schule liegt ganz in der Nähe.
Hotte muß nur immer geradeaus gehen,
ungefähr dreihundert Meter weit.
Seine Füße kennen den Weg auswendig.
Hotte schläft im Gehen noch weiter.
Der Schulhof ist schon leer.

Alle Lehrer und Kinder sausen in ihre Klassen.

Hotte schleicht unauffällig
zu seinem Platz in der 1 b.

Am liebsten wäre er gar nicht da.

Er will nichts sehen und hören.

Hotte ist noch sooo müde!

Frau Wurm, die Klassenlehrerin,
malt ein großes U an die Tafel.
Sie ist wie Mama.
Putzmunter und sehr energisch.
„Welche Wörter fangen
mit diesem Buchstaben an?“
fragt sie und klatscht in die Hände.
Das bedeutet: Achtung, aufgepaßt! Es geht los!

Alle melden sich.

Allen fällt etwas ein:

„Ufo", „U-Boot", „Uli", „Ute", „Umwelt", „Uhu ..."

Hotte fällt nichts ein.

Er starrt nach vorne auf die Tafel.

Das U sieht häßlich aus.

Wie ein Ungeheuer!

Hotte mag diesen Buchstaben überhaupt nicht.

Hotte gähnt und reibt sich die Augen.
Aus weiter Ferne hört er
die vielen verschiedenen U-Wörter:
„Udo“, „Uwe“, „Urwald“, „Unsinn...“
Die Stimmen werden immer leiser.
Frau Wurm und die Tafel
verschwimmen zu winzigen Pünktchen
und verschwinden dann ganz.

Hotte schiebt seinen Daumen in den Mund
und läßt es sich gutgehen.

Als neben ihm etwas rumpelt und poltert,
hebt er widerwillig den Kopf.
Was er sieht, ist unglaublich.
Unglaublich und sehr, sehr sonderbar.
Hotte wird in einer Sekunde hellwach.

Jemand sitzt auf dem Nachbartisch.
Jemand mit dicken, klobigen Füßen,
jemand mit runzliger, grauer Haut,
mit Wedelohren und einer Rüsselnase.
Jemand mit großen, hellblauen Augen,
die vergnügt funkeln!

„Allerbesten guten Morgen“,
sagt das seltsame Wesen freundlich.
Es spricht durch die Nase!
„Wer bist du?“ fragt Hotte gespannt.
„Ukus Urus Unzelfunzel!“
Hotte muß kichern.
Er hält sich die Nase zu und wiederholt:
„Ukus Urus Unzelfunzel.“

„Unzelfunzel genügt“,
sagt das seltsame Wesen
und krault Hotte
mit seiner Rüsselnase im Nacken.
Genau an der richtigen Stelle!
„Du bist nett“, sagt Hotte.
„Du auch“, sagt Unzelfunzel.
„Nur morgens bist du schrecklich.
Besonders montags.
Du bist ein nettes, kleines Montagsungeheuer.“

Hotte zieht eine Grimasse und sagt: „Bääääh!“
„Ein Wort mit U!“ sagt Unzelfunzel energisch
und klopft mit einem Fuß auf den Tisch.
„Ungeheuer“, kichert Hotte.
„Ukus Urus Ungeheuer!“
„Weiter“, sagt Unzelfunzel streng.
„Du weißt noch mehr.“
Hotte hört auf zu kichern
und schüttelt den Kopf.
Nein, mehr weiß er nicht.
Morgens fällt ihm doch nie etwas ein.

„Ugel“, sagt Unzelfunzel
und zwinkert Hotte verschmitzt zu.
U-g-e-l? Was soll das?
Hotte kennt dieses Wort.
Aber woher?
Er denkt nach …
Dann geht ihm ein Licht auf:
Ugel – das klingt doch wie – wie Jgel.
Ein Jgel mit U heißt Ugel.
Ganz einfach!

Solche Wörter kann Hotte auch erfinden.

Er hält sich die Nase zu und trompetet los:

„Usel – Unte – Utter – Uchse – Udler – Ulefant…“

Erschrocken hält er den Mund.

Jemand rüttelt und schüttelt ihn!
Jemand brüllt ihm etwas in die Ohren.
Erschrocken reißt er die Augen auf
und – uiii – guckt Frau Wurm ins Gesicht.

„Endlich“, sagt sie.

„Jch dachte schon,
wir müssen eine Sirene bestellen.“

Die Klasse kichert und lacht.

Hotte weiß genau, was passiert ist.
Es gibt keinen Grund, über ihn zu lachen.
„Du hast geschlafen“, sagt Frau Wurm.
„Du hast sogar geschnarcht!“

Alle kichern und lachen ganz fürchterlich.
„Jch habe Wörter gesucht“,
sagt Hotte laut und energisch.
„Wenn ich nachdenke,
schnarche ich manchmal.“

Frau Wurm legt ihren Kopf schief.

„Also gut“, sagt sie dann.

„Ein Wort mit U?“

„Urdbeben“, sagt Hotte. „Urkan, Undianer.“

Alle hören auf zu lachen.
Keiner sagt etwas.
Auch Frau Wurm ist
für einen Moment sprachlos.
Dann sagt sie:
„Du hast ein tolles Spiel erfunden, Hotte.
Das spielen wir jetzt alle zusammen.“
Sie klatscht einmal in die Hände
und strahlt wie eine Geburtstagstorte.

Alle anderen gucken Hotte an,
als hätten sie ihn noch niemals gesehen.
Sie staunen!
Hotte freut sich und murmelt ganz leise:
„Ukus Urus Unzelfunzel."
Was diese Wörter bedeuten,
wird er keinem verraten!

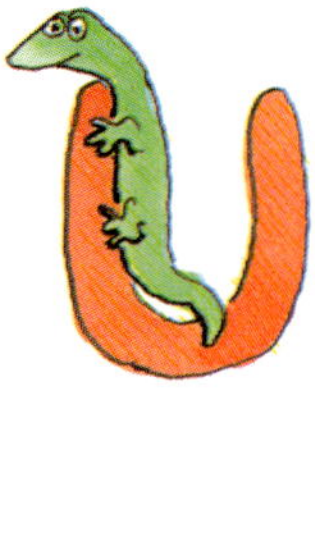